햄버거 공부책

만들면서 배우는
햄버거의 모든 것

햄버거 공부책

정원 글 • 박지윤 그림

초록개구리

차 례

삼촌이 햄버거 가게를 열었어요! ○ 6

1. 소고기로 패티 만들기 ○ 12
함부르크 스테이크에서 햄버거로 • 18
햄버거의 고장은 어디일까요? • 20

2. 햄버거 소스 만들기 ○ 22
햄버거의 숨은 공신, 소스 • 28
햄버거 종류가 이렇게 많다니! • 30

3. 알록달록 채소 준비하기 ○ 32
일 년 내내 꾸준히, 스마트 팜 채소 • 38
건강을 해치는 햄버거의 요소 • 39
어떤 음식이 정크푸드일까요? • 40

4. 패티를 굽고 치즈 얹기 ○ 42

햄버거를 먹고 병에 걸렸다고? • 48
햄버거를 조립할 때도 쌓는 순서가 있어요! • 50
햄버거 만드는 로봇 • 51

5. 햄버거 빵과 패티 조립하기 ○ 52

햄버거에 쓰는 빵, 번 • 60
딸기셰이크에 딸기가 없다고? • 61
햄버거의 오랜 친구, 감자튀김과 콜라 • 62
감자튀김의 나라, 벨기에 • 63

햄버거 완성! ○ 64
삼촌표 햄버거 만들기 ○ 68

삼촌이 햄버거 가게를 열었어요!

요즘 나는 신나요! 내 영웅, 철오 삼촌! 삼촌이 전주에 돌아왔거든요. 삼촌은 전주에 살다가 서울에 살다가 벨기에로 유학을 갔는데, 얼마 전에 다시 전주로 왔어요. 차에서 내리는 삼촌을 보자마자 폴짝 안겨 내가 한 말을 떠올리면 얼굴이 후끈거려요.
"삼촌, 이제 어디 안 갈 거죠?"
삼촌이랑 나는 그렇게 간지러운 말을 주고받는 사이가 아닌데, 너무 반가워서 본심이 툭 튀어나왔지 뭐예요. 삼촌은 머리를 쓰다듬으며 몰라, 라고 솔직하게 답했어요. 내 꾸밈없는 애정 표현이 얼마나 아까웠는지 몰라요. 방심한 내 탓이죠.
그래도 이제는 조금만 걸으면 삼촌을 만날 수 있다는 사실에

기분이 참 좋아요. 삼촌이 두발자전거 타는 법도 가르쳐 줬고, 스케이트보드 타는 법도 가르쳐 줬어요. 삼촌은 나를 늘 으쓱하게 만드는 사람이에요. 지금도 마찬가지예요. 자전거 뒤에 햄버거를 싣고 삼촌 심부름을 하는 기분은 최고예요! 나이 열 살에 아무나 이렇게 할 수 없잖아요.

얼마 전, 삼촌은 우리 집 근처에 햄버거 가게를 차렸어요. 비빔밥집 옆에 있는 오래된 한옥을 전부 직접 고쳐서 꾸몄어요. 우리 삼촌은 못하는 게 없으니까요. 처음엔 햄버거랑 한옥이 어울리지 않는다고 생각했지만 아니었어요. 점점 더 특별하고 멋있어 보이고요. 바로 옆에 있는 비빔밥집이랑도 제법 잘 어울려요.

과학자가 되고 싶어 했던 삼촌이 갑자기 햄버거 만드는 법과 세상에서 가장 맛있는 감자튀김 만드는 법을 배웠다고 했을 땐 정말 의아했어요. 하지만 생각해 보니 부드러운 스크램블드에그 만드는 법, 터지지 않고 예쁘게 달걀말이를 만드는 법을 알려 준 사람도 삼촌이었어요. 삼촌은 사탕도 만들어 주고 아이스크림도 곧잘 만들어 줬어요. 엄마가 군것질을 못 하게 할 때도 삼촌 덕분에 맛있는 것을 실컷 먹을 수 있었어요. 그러니까 삼촌은 늘 나에게 최고예요.

나는 햄버거를 아주 좋아해요. 삼시 세끼 햄버거만 먹으라고 해도 할 수 있을 정도예요. 하지만 엄마 아빠는 햄버거를 잘 사 주지 않아요. 햄버거가 정크푸드라서 그렇대요. 집에서는 가뭄에 콩 나듯 겨우겨우 맛볼 수 있는 햄버거. 그 햄버거를 파는 가게를 삼촌이 차린 거예요. 난 정말 행운아예요.

삼촌 덕분에 나도 햄버거를 실컷 먹었어요. 햄버거 종류가 많지 않거나 곁들이는 코울슬로, 감자튀김, 음료 같은 게 없었다면 많이 못 먹었을지 몰라요. 하지만 햄버거는 온갖 종류로 변신이 가능해서 빵과 고기를 싫어하지 않는다면 계속 먹어도 질리지 않아요.

　나는 주방에서 삼촌이 햄버거 만드는 모습을 보며 궁금해졌어요.

"삼촌, 빵과 빵 사이에 구운 고기와 싱싱한 채소가 가득 들어가는데, 엄마 아빠는 이걸 왜 못 먹게 하는 거예요?"

"햄버거가 다 이렇게 만들어지는 건 아니니까 그렇지."

"엥? 그럼 어떻게 만드는데요?"

"햄버거는 고기 패티가 주재료거든. 다진 고기를 동글납작하게 빚은 이것 말이다. 그런데 고기가 비싸니까 값싼 잡고기를 섞거나 먹으면 안 되는 재료들을 넣기도 해."

"아, 고기라고 다 같은 고기가 아닌 거네요."

"맞아. 햄버거를 아주 간단하고 빠르게 만든다고 여기지만, 정식으로 만들면 사실 햄버거는 패스트푸드가 아닐 수도 있어."

"너무 어려워요. 그럴 수도 있고, 아닐 수도 있고. 삼촌 말은 늘 복잡해."

"사람은 잘 안 변한다, 요 녀석."

차리링. 삼촌과 얘기를 나누고 있는데, 출입문 쪽에서 풍경 소리가 들려왔어요. 나이가 지긋해 보이는 할머니였어요. 할머니는 아주 조심스럽게 식당 안쪽으로 들어오더니 우리를 향해 물었어요.

"기계 말고 사람이 주문받습니까?"

"네에?"

무슨 뜻인지 몰라 잠시 머뭇거렸는데, 삼촌이 이내 알아듣고 대답했어요.

"그럼요. 여긴 패티도 바로 구워서 드리는 작은 햄버거 가게예요. 다만 조금 천천히 조리되기 때문에 기다려 주셔야 해요."

삼촌 말을 들은 할머니의 입가에 편안한 미소가 번졌어요.

우리 햄버거 가게에서는 모든 것이 천천히 돌아가요. 대형 프랜차이즈 가게에 있는, 주문하는 기계도 없어요. 할머니는 그런 기계를 쓰는 게 어려워서 여기로 온 것 같았어요. 다행이에요. 우리 가게에 기계가 없는 덕분에 맛있는 햄버거를 할머니에게 선보이게 되었으니까요.

할머니가 햄버거를 포장해 간 뒤, 삼촌은 가게 문을 닫았어요.

나는 이때가 가장 좋아요! 가게 문을 닫을 때마다 두근거리거든요. 내일이 되면 또 어떤 영화처럼 근사한 일이 우리 가게에서 일어날까요?

1. 소고기로 패티 만들기

"자, 이제 슬슬 시작해 볼까?"

오늘은 내가 햄버거 만드는 법을 배우는 날이에요. 삼촌이 걱정을 내려놓고 마음의 평화를 찾기로 한 날이기도 하고요.

삼촌은 원래 걱정이 많아요. 내가 일곱 살 때 자전거를 배우면서 그 사실을 처음으로 알아챘어요. 뒤에서 삼촌이 자전거 잡은 손을 어찌나 놓지 못하던지……. 내가 괜찮다고 해도 절대 안 놓는 거예요. 그때 삼촌이 한 말이 지금도 생생하게 떠올라요.

"삼촌, 놔야죠! 안 놓으면 넘어진다니까요!"

"넌 그걸 어떻게 알았니? 그래도 조심해야지!"

사실, '조심'이라는 말 뒤로는 아무 말도 듣지 못했어요. 쌩 달려 삼촌과 멀어진 뒤였으니까요.

삼촌은 요즘도 걱정이 많아요. 햄버거 가게를 차렸는데 손님이 많이 올까? 그것 말고도, 사람들이 햄버거를 맛있다고 해 줄까? 신선하고 좋은 재료들로 건강하게 만들었는데 사람들이 알아줄까? 프랜차이즈 브랜드의 값싼 햄버거에 익숙한 사람들이 돈을 더 내고 햄버거를 먹을까? 전부 다 걱정이래요. 이렇게 말하고 보니 다 똑같네요. 삼촌이 차린 햄버거 가게가 살아남을까, 하는 걱정이요.

그 걱정에는 이미 답이 정해져 있어요. 살아남는다! 삼촌은 정말로 햄버거를 사랑하거든요. 삼촌이 그 사실을 떠올리고 힘내는 게 오늘의 새로운 목표예요.

―――― 패티 만드는 법 ――――

1. 목심 960g과 양지 240g을 다진 소고기로 준비한다.

2. 고기를 넓고 우묵한 그릇에 담는다.

3. 소금 8g, 후추와 양파 가루를 1g씩 뿌려 고기와 조미료가 잘 섞이도록 버무린다.

4. 지름 12cm 크기로 동그랗고 납작하게 빚은 패티를 냉장고에 하룻밤 숙성한다.

"우리는 패스트푸드가 아니라 천천히 조리되는 햄버거를 만들 거야."

삼촌이 냉장고에서 다진 소고기를 꺼내며 말을 이었어요.

"햄버거의 주인공은 소고기 패티지. 가장 중요한 패티부터 만들자."

"양상추랑 토마토가 들으면 서운하겠어요."

"어쩔 수 없지. 양상추버거, 토마토버거, 이런 말 들어 봤니?"

"아니요. 소고기버거, 치킨버거, 치즈버거는 있어도 그런 건 없네요, 정말."

우리 엄마는 채식주의자라서 햄버거를 먹지 않아요. 고기가 많이 들어가니 그럴 수밖에요.

우리는 저울 위에 넓은 그릇을 올렸어요. 그랬더니 디지털 저울의 숫자가 그릇의 무게를 표시했어요. 350그램. 나는 익숙한 손놀림으로 디지털 저울에 '0그램'이라고 쓰여 있는 버튼을 꾹 눌렀어요. 숫자가 0으로 바뀌었고, 이번엔 1200그램이 될 때까지 그릇에 다진 소고기를 담았어요. 왜 1200그램이냐면, 150그램짜리 패티 여덟 장을 만들 계획이거든요.

"삼촌, 이 고기는 어떤 부위예요?"

나는 백과사전에서 봤던 소 사진을 떠올리며 삼촌에게 물었어요. 고기가 잘게 갈려서 어떤 부위인지 전혀 알 수 없었거든요.

이래 봬도 정육점에서 포장된 돼지고기만 보고도 목살인지 삼겹살인지 항정살인지 구분하는 실력이라고요.

"삼촌은 패티를 만들 때 소고기의 목심과 양지를 써."

"목심과 양지라……. 소의 목뒤에 있는 살이랑 배쪽에 있는 살 말이지요?"

"우빈이 대단한데? 소의 부위를 머릿속에 훤히 꿰고 말이야."

"대단하긴요. 삼촌이 나랑 안 놀아 주고 햄버거 공부하는 동

안, 뭘 했겠어요? 그쯤이야 뭐."

"요 녀석, 어깨에 힘이 팍 들어갔구나! 목심은 다소 퍽퍽하고 양지는 지방이 많은 편이라 섞어서 쓰는 거야. 패티는 살코기와 지방이 적당히 어우러져야 맛있거든."

삼촌은 날마다 고기를 새벽 시장의 단골집에서 사 와요. 고기를 직접 갈아서 패티로 만들 수 있도록 준비하는 데만 해도 오래 걸려요. 삼촌이 만든 햄버거는 천천히 조리되지만 영양 만점이에요.

삼촌이 미리 목심과 양지를 8대 2로 섞어 뒀어요. 이제 내가 나설 차례예요. 나는 다진 고기 위에 밥숟가락으로 소금 한 스푼과 후추를 약간 뿌렸어요. 양파 가루도 톡톡 뿌린 다음, 고기와 조미료가 잘 섞이도록 버무렸어요. 물론 삼촌이 준비해 둔 '햄버거 만드는 법' 메모지를 보고서 말이에요.

조미료를 잘 섞은 고기를 동그랗고 납작하게 빚을 차례예요. 하지만 너무 힘을 주어 치대면 안 돼요. 고기가 퍽퍽해져서 맛있는 햄버거를 먹을 수 없거든요.

이렇게 만든 패티는 냉장고에 하룻밤 두어야 해요. 그래야 고기가 충분히 숙성되거든요. 삼촌이 늘 그렇게 하기 때문에 이 정도는 꿰고 있어요. 패티를 숙성하는 방법은 요리사마다 다양해요. 보통은 고기를 부드럽고 맛 좋게 하려고 갖은 재료와 섞은 뒤, 열두 시간 정도 낮은 온도에서 보관한대요.

그래서 오늘 삼촌이랑 나는 어제 만들어 둔 패티를 꺼내 쓸 거예요.

'삼촌, 걱정 마세요. 우리 가게는 잘될 거예요.'

둥글둥글 예쁘게 빚은 햄버거 패티들 사이로 삼촌의 행운을 빌며 만든 별 모양 패티가 반짝이는 것 같았어요.

내 별 모양 패티는 내일까지 기다려야 더 맛있어지겠죠?

함부르크 스테이크에서 햄버거로

햄버거는 미국 음식으로 알려져 있어요. 세계적인 햄버거 브랜드 맥도날드, 버거킹, 인앤아웃, KFC 모두 미국 브랜드예요. 하지만 햄버거는 독일의 항구 도시인 함부르크에서 시작되었어요.

함부르크는 북해 근처에 있어 예전부터 상업적으로 중요한 곳이었어요. 여러 나라 물건들이 함부르크로 모여들었는데, 타타르족이 만들어 먹던 음식도 함께 들어왔어요. 중앙아시아 평원을 누비는 타타르족은 말안장 밑에 생고기를 깔고 다녀 부드럽게 한 뒤, 숙성된 고기에 소금·후추·양파·파 등으로 간을 해서 먹었다고 해요. 지금의 햄버거랑 비슷하게, 언제든 간편하게 만들어 먹을 수 있는 음식이었던 거예요. 이 음식을 본 함부르크 상인들은 소고기를 갈아서 뭉친 뒤 다진 채소나 달걀 등을 넣어 익혀 먹었어요. 그리고 이 음식을 '함부르크 스테이크'라고 불렀어요.

지금도 독일에는 프리카델렌Frikadellen이나 불레테Boulette처럼 갈거나 다진 고기를 뭉쳐서 익힌 고기 요리가 있어요. 함부르크 스테이크는 유럽 부유층에게 인기를 얻다가 1850년대 미국으로 건너가 '햄버그스테이크'로 불리며 많

타타르족의 다진 고기(몽골)　　　함부르크 스테이크(독일)

은 사람들에게 사랑받았어요. 그러다가 동그란 빵 사이에 햄버그스테이크와 채소를 넣고 소스를 뿌려 먹는, 우리가 알고 있는 햄버거가 되었지요. 이제 '버거'라는 말은 '햄버거'와 같은 뜻으로 쓰여요.

독일 말로 '함부르크 사람이나 사물'을 뜻하는 단어가 바로 햄버거(hamburger)예요.

햄버그스테이크(미국) → 햄버거

햄버거의 고장은 어디일까요?

햄버거는 맛있는 음식을 얘기할 때 빼놓을 수 없는 메뉴예요. 심지어 '햄버거의 날'도 있어요. 5월 28일에는 미국뿐 아니라 세계 곳곳에서 이날을 기념해요. 전 세계에 햄버거를 사랑하는 사람이 무척 많기 때문에 '햄버거의 고장'이라는 호칭은 사람들을 불러 모으는 데 큰 도움이 돼요. 그래서 햄버거와 연관 있는 지역들은 서로 자기가 진짜 '햄버거의 고장'이라고 주장하지요. 위스콘신주 시모어, 코네티컷주 뉴헤이븐, 오하이오주 애크런, 뉴욕주 햄버그가 그런 지역이에요.

가장 신뢰할 만한 건 1885년 위스콘신주의 작은 마을 시모어에 살던 한 소년 찰리 나그린의 이야기예요. 찰리는 축제 때 여러 행사를 즐기려고 돌아다니며 먹을 수 있는 음식을 원했어요. 그래서 미트볼을 짓이겨 빵 두 쪽 사이에 끼웠지요. 이 음식이 햄버거의 원조라고 해요. 이후 찰리는 '햄버거 찰리'라고 불리며 해마다 박람회에서 햄버거를 팔았어요.

1904년 미국 세인트루이스에서 열린 세계 박람회 때 빵 사이에 햄버그 스테이크를 넣은 음식이 등장했는데, 이 음식이 지금의 햄버거와 비슷한 모양이라는 이야기도 있고요.

세계적으로 가장 유명한 햄버거 프랜차이즈 브랜드인 맥도날드는 리처드 맥도날드와 모리스 맥도날드 형

시모어에는 햄버거의 탄생을 기리는 '햄버거 찰리' 동상이 있어요.

제가 1948년 무렵에 차렸어요. 맥도날드를 짜임새 있게 조직하여 전국 어디든 같은 상품, 같은 맛, 같은 분위기를 즐길 수 있는 프랜차이즈로 만들고 발전시킨 사람은 레이 크록이에요. 레이 크록은 월트 디즈니와 협력해 디즈니랜드 안에 맥도날드 지점을 연 인물이기도 해요. 다양한 디즈니 캐릭터로 장식된 이 지점은 디즈니랜드 안에서도 인기 있는 식당이에요.

2. 햄버거 소스 만들기

 이제 소스를 만들 차례예요. 햄버거는 변신의 귀재예요. 내가 가지고 노는 팽이 같지요. 팽이를 분리했다가 다시 만들면 수백 가지 모양으로 만들 수 있는데, 햄버거도 마찬가지예요.

 내가 아는 햄버거 이름만 해도 수십 가지나 돼요. 칠리버거, 새우버거, 칠리새우버거, 불고기버거, 머시룸버거, 불고기머시룸버거, 아보카도버거, 명란버거, 아보카도명란버거, 베이컨버거, 치즈버거, 베이컨치즈버거……. 주재료가 불고기면 불고기버거, 버섯이면 머시룸버거, 반반 들어가면 불고기머시룸버거가 되지요. 햄버거는 이름에 재료가 선명하게 드러나요. 하와이안버거, 파인애플버거, 살라미버거, 스파이시버거, 갈릭버거, 페퍼로니치즈버거……. 천천히 떠올리면 햄버거 이름을 백 가지는 더 댈 수 있어요.

 삼촌이 가게를 열기 전에 나랑 같이 햄버거 가게를 얼마나 많이 다녔는지 몰라요. 서울에 있는 가게만 서른 곳이 넘고, 제주에도 갔어요. 햄버거를 먹으러요. 우린 햄버거 동지였어요.

　다만 문제가 하나 있었어요. 나는 레시피가 좋은지, 나쁜지를 파악하기 전에 햄버거라면 그저 다 맛있었거든요. 삼촌에게 큰 도움이 되지 못했지만, 그래도 내 몫은 톡톡히 했어요. 삼촌이

―――― 소스 만드는 법 ――――

1. 저울에 작은 그릇을 올린 뒤 마요네즈 40g을 짠다.

2. 같은 그릇에 케첩 26g을 추가로 짠다.

3. 허니 머스터드소스 5g을 추가로 담는다.

4. 디종 머스터드소스 10g을 추가로 담는다.

5. 설탕 2g, 레몬즙 1g을 담는다.

6. 모두 한꺼번에 섞는다.

잠시도 가만있지 못하도록 활력소가 되었다고나 할까요?

내가 자꾸 테이블 아래나 옷 위로 햄버거 재료를 흘려서 삼촌이 닦아 줬거든요. 나 같은 어린이는 큼직큼직한 재료들을 통으로 쌓아 만든 햄버거를 흘리지 않고 먹기가 쉽지 않아요. 햄버거를 먹을 때 하나도 안 흘리는 어린이는 아마 없을걸요.

아, 삼촌에게 도움을 준 게 또 하나 있어요. 내가 소스 맛 감별사였거든요! 난 어릴 때부터 채소 귀신이었어요. 양파나 파프리카 향을 기가 막히게 알아맞히지요. 햄버거는 빵과 빵 사이에 모든 재료가 보인다는 점에서 아주 투명한 음식이에요. 패티와 소스의 재료만 빼고요! 나는 햄버거를 먹을 때마다 어떤 소스가 들어갔는지 다른 친구들보다 잘 맞힐 수 있어요.

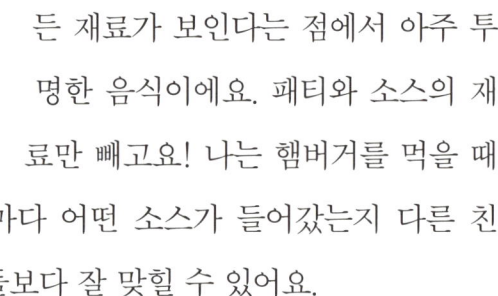

난 만들기 어려운 소스는 별로 좋아하지 않아요. 삼촌도 마찬가지예요. 오늘은 삼촌과 나의 취향을 반영한 단순한 소스를 만들 거예요. 햄버거 소스의 기본은 뭐니 뭐니 해도 케첩과 마요네즈죠.

나는 저울 위에 작은 그릇을 놓은 다음, 마요네즈 40그램을 짰어요. 그다음

엔 케첩 26그램을 짰고요. 훗, 생각보다 쉽잖아요. 어깨가 으쓱한 순간, 튜브를 쥔 손이 삐끗했어요. 허니 머스터드소스 5그램을 짜려다가 6그램을 짜고 말았어요. 저울에 표시된 숫자가 71그램이 되어야 하는데 72그램이 되었어요. 나는 티스푼으로 허니 머스터드소스를 살짝 떠냈어요. 그러고는 디종 머스터드소스 10그램, 설탕 2그램과 레몬즙 1그램을 담았어요. 디종 머스터드소스는 프랑스식 머스터드인데 시큼하고 알싸해서 햄버거 소스에 빠질 수 없어요. 이제 섞기만 하면 돼요.

"이렇게 정확하게 계량하니까 재미있어요."

"오호! 우빈이에게 사업가 기질이 있는 것 같은데?"

"요리사가 아니라 사업가요?"

"그래, 거리에서 쉽게 볼 수 있는 대형 프랜차이즈 식당 말이야. 그곳의 기본 원칙이 뭔 줄 아니?"

"맛있게 만드는 거요?"

"아, 그렇지. 맛있게 만드는 것도 중요하지. 그런데 또 하나 중요한 게 있어. 어느 매장을 가나 똑같은 맛일 것."

한 번도 생각해 본 적 없는 말이었어요. 그런데 이제 알겠어요. 왜 브랜드 햄버거는 어느 가게를 가나 햄버거가 같은 맛이었는지를요. 우리 아빠 된장찌개는 그때그때 쓰는 된장과 채소, 두부 종류에 따라 맛이 다르거든요. 아, 간장이나 매실액을 넣을

 때도 있고 뺄 때도 있으니까요.
 "우리 가게에서 만드는 버거니까 이왕이면 제대로 해 볼까? 다음에도 똑같은 맛을 낼 수 있도록 정확하게 계량하는 거야."
 그릇에 담긴 소스 재료들을 쓱쓱 섞으니 알록달록 색깔들이 파도처럼 춤추다가 색깔 하나로 멈추었어요. 마트에서 '햄버거 소스'라고 파는 제품의 색이었어요. 살구 빛깔이 도는 케첩과 마요네즈의 중간색. 나는 이 살구 빛깔을 보면 햄버거가 떠올라요.
 물론 삼촌은 요리사니까 햄버거에 더 다양한 빛깔과 맛을 내는 소스들을 써요. 그 소스는 삼촌만 아는 요리 비법이에요. 비밀 레시피는 삼촌한테 아주 중요한 거래요. 내가 이제까지 열심히 모은 팽이들처럼 말이에요.

햄버거의 숨은 공신, 소스

'햄버거' 하면 소고기, 치즈, 양상추, 토마토 같은 재료가 먼저 떠올라요. 요즘은 종류가 아주 다양해져서 버섯, 아보카도, 베이컨 등을 쓰기도 해요.

그런데 눈에 잘 띄지 않는 햄버거의 숨은 공신이 있어요. 바로 소스예요. '소스'는 음식의 맛을 돋울 때 쓰는 걸쭉한 상태의 식재료를 말해요. 주로 간장, 식초, 케첩 등 액체로 된 기본 재료에 갖은 채소나 다양한 향신료를 섞어 만들어요. 어떤 맛의 소스를 쓰느냐에 따라 요리는 변신에 변신을 거듭할 수 있어요. 케첩, 마요네즈, 머스터드소스, 살사소스, 굴소스 등은 이미 잘 만들어져 유명한 소스예요.

대부분 소스에는 너무나 많은 합성 첨가물이 들어가기 때문에 건강한 식단을 원하는 사람들은 꺼리기도 해요. 하지만 합성 첨가물 없이도 얼마든지 소스를 만들 수 있기 때문에 소스 자체가 몸에 안 좋다고 볼 수는 없어요. 다양한 재료에 어떤 소스를 쓰느냐에 따라 햄버거를 수천, 수만 가지로 만들 수 있어요.

한 햄버거 프랜차이즈 가게는 몇 년 전 한국 지점에서 처음으로 고추장 소스가 들어간 메뉴들을 내놓았어요. 고추장 소스를 넣은 메뉴는 인기가 좋아서, 나중에 미국에 있는 본점에서도 선보였지요.

케첩
토마토를 간 것에 식초, 설탕, 소금, 각종 향신료를 넣어 만들어요.

마요네즈
달걀노른자, 식물성 기름, 식초, 소금, 설탕을 섞어 만들어요.

머스터드소스
겨자에 식초, 각종 향신료를 넣어 만들어요. 고기나 생선 요리에 주로 써요.

살사소스
토마토와 고추를 주재료로 만들어 새콤달콤한 맛이 나요.

굴소스
굴을 소금물이나 간장에 넣어 발효시켜서 짠맛이 나요.

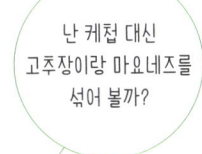

햄버거 종류가 이렇게 많다니!

　이제 햄버거는 '버거'라는 이름으로도 불려요. 어떤 재료와 소스로 만들었느냐에 따라서 버거 앞에 다양한 이름이 붙어요. 햄버거의 종류는 어마어마하게 다양해요. 햄버거는 들어가는 재료에 따라 무한 변신을 하는 음식이에요. 소고기, 치킨, 버섯 등 주요 재료와 그에 어울리는 채소, 소스를 곁들여 다양한 버거들을 만들 수 있어요.

치킨버거

새우버거

치즈버거

베이컨치즈버거

불고기버거

머시룸버거

아보카도버거

명란버거

아보카도명란버거

와! 햄버거 때문에 '끝없는'이라는 단어가 생겼나 봐요.

3. 알록달록 채소 준비하기

채소를 준비할 차례예요. 햄버거의 영양과 때깔을 책임지는 채소들 말이에요.

삼촌은 조리대 위에 토마토와 흰 양파를 올렸어요. 그러고는 주방과 홀 사이에 있는 스마트 팜 기기를 보며 내게 눈빛으로 지시를 내렸어요. 나는 스마트 팜에서 양상추와 루콜라를 조금씩 뜯어 왔어요. 루콜라는 삼촌이 가장 좋아하는 채소예요.

삼촌네 햄버거 가게에서 가장 신기한 게 바로 이

스마트 팜이에요. 우리 집은 마당에 텃밭이 있어서 봄부터 가을까지 여러 채소들을 길러 먹어요. 엄마가 좋아하는 바질이나 딜, 고수는 직접 길러야 충분히 먹을 수 있으니까요. 상추나 깻잎처럼 어디서나 쉽게 살 수 없고, 흔히 보는 채소들에 비해 값도 비싸거든요. 어쨌든 따뜻할 땐 채소들이 넘치고 넘쳐서 이웃집에도 나누어 주고 할머니께도 드려요. 채소가 풍성한 계절에 친구들이 놀러 오면 상추나 깻잎을 한 봉지씩 선물하기도 해요. 하지만 풍성한 텃밭도 겨울에는 쉬어요. 밭은 텅 비고 엄마 아빠는

채소 준비하는 법

1. 양파를 0.2cm 폭으로 넓적하게 썬다.

2. 양파가 연한 갈색 빛깔을 띨 때까지 굽는다.

3. 토마토를 0.5cm 폭으로 납작하게 썬다.

4. 양상추와 루콜라를 잘 씻어서 물기를 빼 준다.

갈무리해 둔 마른 나물이나 마트에서 사 온 채소로 요리해요.

그래서 스마트 팜이 더 신기했어요. 우리 집 텃밭에는 찬바람이 횡횡 부는데, 유리로 된 이 작은 텃밭은 따뜻하기만 해요. 계절을 느낄 수 없어요.

스마트 팜 문을 열고 처음 채소를 만졌을 때, 낯선 기기 안에 있는 초록빛 채소들은 레고로 만든 풀 같았어요. 벌레 먹은 흔적도 하나 없어, 친구랑 한 번도 다투어 본 적 없는 아이 같기도 했어요. 한마디로 이상했다는 거죠. 하지만 이제 스마트 팜의 채소도 익숙해졌어요.

삼촌이 흐르는 물에 천천히 채소들을 씻었어요. 이제 내가 좋아하는 탈수 시간이에요. 가볍게 물기를 탁탁 턴 다음, 채소를 탈수기에 넣었어요. 채소에 물기가 있으면 다른 재료까지 눅눅해져서 식감을 제대로 살릴 수 없대요. 그래서 삼촌은 삼겹살과 함께 먹을 상추는 그냥 씻어도, 햄버거를 만들 때는 꼭 탈수기를 써요.

"삼촌, 밭에서 난 채소랑 똑같은 맛이에요."

"설마?"

삼촌이 씩 웃으며 나를 바라봤어요. 무슨 뜻일까 잠시 머뭇했는데, 표정을 본 순간 삼촌이 뭐라고 말할지 알아차렸어요.

"더 맛있지?"

"하하, 네. 채소 맛이 아주 좋네요. 토마토도 제가 썰게요!"

"그래!"

토마토와 흰 양파, 붉은 양파는 같은 모양으로 썰어요. 동글납작한 피자처럼요. 토마토는 꼭지가 있는 부분과 반대쪽 끝에 물방울처럼 봉긋한 부분은 쓰지 않아요.

"쓰지 않는 건 내 입으로 냠냠!"

상큼한 토마토 맛이 입안에 가득 퍼졌어요.

이제 양파를 썰 차례예요.

"앗, 잠깐만요!"

잠시 자리를 비웠다가 단단히 준비하고 짜잔 나타난 날 보며 삼촌이 깔깔 웃었어요.

"누가 보면 양파 엄청 쓰는 중식당인 줄 알겠다, 녀석아."

양파는 많건 적건 독한 놈을 하나라도 만나면 눈물을 펑펑 흘려야 해요. 양파에 있는 유황 성분이 양파를 썰 때 공기 중으로 나오면서 눈의 신경을 자극해 눈물이 나는 거래요. 먼지나 연기가 눈에 들어가면 씻어 내려고 눈에서 눈물이 나는 것처럼요.

"삼촌도 맨날 울지 말고 고글을 써요."

"삼촌은 눈물이 필요해서 괜찮다."

"그런데 삼촌! 우린 정말 천천히 재료를 준비하잖아요. 고기는 냉장고에 하룻밤 재워 두어야 하고요. 그런데 왜 햄버거가 패스

트푸드라는 거죠?"

"그건 정말 누명이야!"

삼촌은 신선한 재료들로 천천히 만들면 햄버거가 슬로푸드이자 영양과 균형이 잘 맞는 멋진 음식이라고 했어요.

햄버거의 누명을 벗기기 위해서라도 오늘 제대로 된 햄버거를 만들어야겠어요. 자투리로 남은 토마토 꼭지에 가게 로고를 깃발처럼 두른 꼬챙이를 꽂았어요. 나는 주먹을 불끈 쥐어 보이며 파이팅, 하고 속삭였어요.

일 년 내내 꾸준히, 스마트 팜 채소

채소류는 햇볕과 기온에 영향을 많이 받아요. 그래서 사람이 통제할 수 없는 자연환경에 따라 수확량이 줄고 공급이 어려워지기 쉽지요.

2020년 여름, 긴 장마와 태풍 탓에 토마토 농사를 망쳐 토마토 대란이 있었어요. 한 달 만에 토마토값이 두 배 넘게 오르는 경우도 생겼지요. 2021년 가을에는 이른 한파와 잦은 비로 양상추가 물러지는 병이 생겨 양상추 대란이 일어났어요. 몇몇 햄버거 가게들은 사과문을 써 둔 채 양상추가 없는 햄버거를 내놓기도 했지요.

요즘은 스마트 팜에서 자란 채소를 쓰고, 더 나아가 스마트 팜을 직접 운영하는 식당들도 있어요. 채소가 자라지 못하는 추운 겨울에 대비할 수 있고 갑작스러운 이상 기후, 병충해 피해 등 자연재해에 영향을 받지 않고 꾸준히 재료를 얻을 수 있거든요.

스마트 팜은 빛이 꼭 필요한 식물에 태양광 대신 LED 조명을 써요.

2019년부터 서울교통공사는 역사의 빈 공간에서 채소를 키우는 스마트 팜 사업을 시작했어요.

건강을 해치는 햄버거의 요소

다큐멘터리 영화 〈슈퍼 사이즈 미〉는 오로지 햄버거만 먹고 운동을 하지 않으면 한 달 만에 엄청나게 체중이 불고 여러 병을 얻게 된다고 경고해요. 영화의 극단적인 부분에 비판하는 사람도 있지만, 햄버거를 많이 먹는 미국 사람들 중 과체중이 많은 것은 사실이에요.

특히 햄버거, 감자튀김, 탄산음료로 구성된 세트는 균형 잡힌 식사가 아니에요. 무엇보다 포화 지방산이나 트랜스 지방이 많은 감자튀김, 당 성분이 지나치게 많은 탄산음료는 몸에 무척 해로워요. 포화 지방을 많이 먹으면 몸에 노폐물이 쌓이면서 혈관 벽이 막힐 위험이 있어요. 비만과 심혈관 질환, 뇌졸중 등 여러 병이 생길 가능성도 높아요. 소스 또한 열량이 지나치게 높고 당과 나트륨 성분이 많아요. 그러니 햄버거는 나트륨이 거의 없는 건강한 요리와 함께 먹는 게 좋아요.

요즘은 햄버거에서 건강을 해치는 요소로 지적되는 포화 지방산이나 트랜스 지방을 줄여 조리하는 가게가 늘고 있어요. 채식주의자를 위한 햄버거도 있지요.

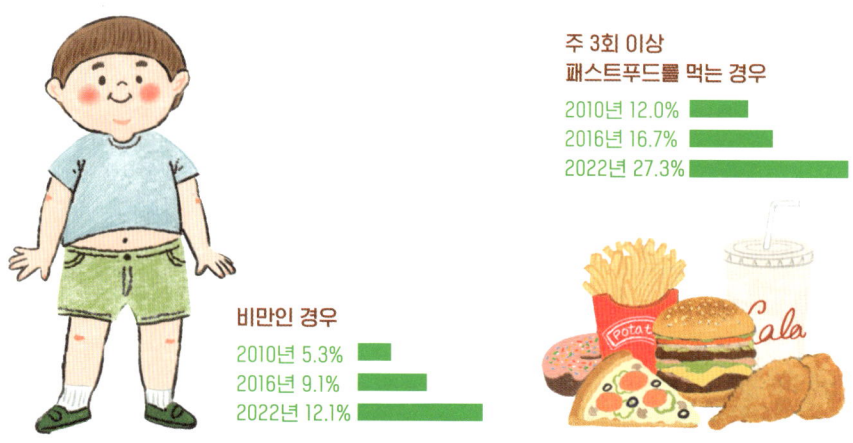

주 3회 이상 패스트푸드를 먹는 경우
2010년 12.0%
2016년 16.7%
2022년 27.3%

비만인 경우
2010년 5.3%
2016년 9.1%
2022년 12.1%

한국의 청소년 대상 건강 조사 (출처: 질병관리청)

어떤 음식이 정크푸드일까요?

'정크푸드'는 열량이 지나치게 높고 영양은 없는 음식을 말해요. 가끔 사람들은 빨리 조리되는 음식인 '패스트푸드'와 정크푸드를 같은 말로 오해해요. 하지만 둘은 조금 달라요.

김밥집에 가면 후루룩 말아 나오는 김밥을 볼까요? 재료만 준비된다면 재빨리 완성되지만, 사실 김밥은 집에서 재료를 하나하나 준비해 가며 만들자면 손이 많이 가는 음식이에요. 물론 전자레인지에 데우기만 하면 먹을 수 있는 편의점 김밥은 패스트푸드라고 할 수 있겠지요. 그렇다고 김밥이 정크푸드는 아니에요. 영양 풍부한 재료들이 다양하게 쓰이기 때문이지요.

그럼 피자는 어떨까요? 느리게 조리되지만 재료를 보면 정크푸드인 경우가 많아요. 특히 통조림 상태로 유통되는 페퍼로니 같은 재료로만 피자를 만들면 열량만 높고 영양이 없겠지요. 하지만 좋은 반죽에 모짜렐라 치즈, 신선한 토마토 등을 올린 피자는 영양 면에서 훌륭한 음식이 돼요. 햄버거든 피자든 음식은 어떤 재료로 만드느냐가 중요해요. 무조건 정크푸드라고 하면 안 되겠지요.

보통 우리가 먹는 햄버거를 왜 '정크푸드'라고 하는지 살펴볼까요? 아래는 한 햄버거 프랜차이즈 가게에서 파는 대표적인 햄버거 세트의 열량과 영양 성분이에요.

감자튀김 열량
324kcal
(114g짜리 한 개 기준)

콜라 열량
139kcal

햄버거 열량
770kcal (275g짜리 한 개 기준)

초·중·고등학생의 하루 섭취 권장량
1500~2700kcal

1233킬로칼로리인 햄버거 세트로 한 끼를 먹으면 하루 권장량의 절반을 훌쩍 넘기게 돼요. 열량이 많이 나가는 경우는 햄버거 하나만으로도 하루 권장량을 채우지요. 밥, 반찬, 된장찌개로 먹는 한 끼가 400킬로칼로리 정도인 걸 감안하면 대단하지요.

햄버거 만들기
4. 패티를 굽고 치즈 얹기

"삼촌은 지금까지 가장 아쉬운 게 뭐예요?"

"음…… 공부를 너무 많이 한 것? 내 자랑 같지만, 공부를 조금 덜 하고 맛있는 음식을 더 많이 먹고 여행을 많이 다녔더라면 어땠을까 아쉬울 때가 있어."

"그럼 전 아쉬운 게 없을 것 같아요. 공부보다 먹는 걸 훨씬 좋아하니까요. 그런데 전 엄마가 채식주의자인 게 너무너무 아쉬워요."

"왜, 이 버거를 같이 못 먹어서?"

"맞아요. 세상에 이렇게 맛있는 햄버거를 안 먹다니! 말도 안 돼요."

"하지만 엄마한텐 전혀 중요하지 않은 문제라는 거!"

"알아요. 언젠간 채식주의자를 위한 베지버거 만들기에 도전해 볼래요."

베지버거는 삼촌에게 배운 햄버거예요. 만드는 법이 아니라 그런 게 있다는 사실을 배웠다는 말이에요. 베지버거는 패티를 고기가 아닌 채식 재료로 만든 햄버거래요.

나는 '철오 버거'의 척척 조수답게 냉장고에서 패티를 꺼내 왔어요. 그러고는 그릴을 달구었어요. 집에서는 패티를 팬에 굽는데, 삼촌 가게에서는 그릴을 쓰니까 기분이 남달라요. 그릴의 온도가 올라가면 패티를 올리는 거예요.

삼촌은 패티 가운데를 오목하게 만들어 그릴 위에 사뿐히 올리며 패티 굽는 걸 보여 주었어요. 호떡 모양으로 말이에요. 햄

패티 굽는 법

1. 냉장고에서 패티를 꺼낸다.

2. 패티 가운데를 오목하게 살짝 눌러 준다.

3. 팬을 달군 뒤 패티를 굽는다.

4. 패티가 잘 익으면 불을 끄고, 치즈를 얹는다.

버거를 먹을 때마다 숱하게 보았던 그 납작한 패티 모양으로 만들면 돼요.

"패티를 구우면 가운데가 부풀어 오르거든. 그래서 미리 가운데 부분을 오목하게 해 주는 거야. 그러면 볼록한 데 없이 평평한 패티가 만들어져."

"플러스마이너스 비법이네요."

"맞아! 패티를 빚을 땐 플러스마이너스 비법으로, 익힐 땐 중간의 힘 비법으로!"

"중간의 힘요?"

"패티를 익힐 때 너무 세게 누르면 육즙이 빠져나와. 패티 전체에 골고루 힘이 전달되려면 호떡 누르개가 최고지!"

호떡 누르개로 달고나를 만든 적은 있었는데, 햄버거를 만들면서 만나게 될 줄은 몰랐어요. 늘 정답이 없다고 말하는 삼촌답잖아요. 한옥에서 햄버거를 만드는 삼촌답고, 과학을 공부하고서 음식 만드는 직업을 택한 삼촌다워요.

다음 패티는 내가 올렸어요. 그릴이 매우 뜨겁기 때문에 패티를 올리고 구울 때 아주 조심해야 해요. 삼촌은 맨손이었지만, 나는 삼촌이 챙겨 준 장갑을 낀 채 구웠어요. 또 주의할 점 하나는 꼭 잘 익혀야 한다는 것!

나는 햄버거를 아주 좋아하지만, 몇 해 전 세상을 떠들썩하게 했던 햄버거병도 아주 잘 기억하고 있어요. 고기 패티를 제대로 익히지 않으면 고기에 있는 대장균이 병을 일으켜요. 햄버거병은 덜 익힌 고기를 먹었을 때 걸리는 병이에요. 나는 아주 천천히 꼼꼼하게 고기를 익혔어요.

"삼촌은 늘 미디움인데, 이렇게 바짝 익혀서 어떡하죠?"

"우빈이의 안전한 식사를 위해서라면 그쯤이야 뭐……."

핏기 있는 스테이크를 아무렇지도 않게 먹는 삼촌이 멋있다고 생각했는데, 날 생각해 취향을 포기하는 삼촌도 무지 멋있어요.

패티를 굽는 데 익숙해지니까 두 번째는 첫판을 구울 때보다 쉬웠어요. 삼촌은 늘 이런 느낌으로 요리하겠죠? 한 장, 두 장, 수십 장, 수백 장, 수천 장이 쌓여서 생긴 익숙함이요.

나는 겨우 두 번째 그릴 위에서 여유를 부려 보았어요. 아까 만든 별 모양 패티는 냉장고에서 숙성 중이기 때문에, 다 동그랗기만 한 패티들이 좀 지루해 보이기도 했고요. 그래서 마음대로 패티 모양을 바꾸었어요. 삼촌이 늘 만국 공통어라고 주장하는 하트 모양으로요.

"삼촌, 내 마음이요."

"이 녀석, 삼촌이 아니라 한주 것 같은데?"

"……."

"얼굴이 토마토네! 우리 우빈이 얼굴로 토마토 슬라이스 해도 되겠다!"

딱 걸렸어요. 한주는 내가 가장 좋아하는 반 친구예요. 얼굴도 예쁘고 키도 크고 공부도 잘하고 그림도 잘 그리고 노래도 잘해요. 멋진 한주에게 내가 직접 만든 햄버거를 선물하면 좀 더 친해질 수 있겠죠?

패티가 다 익어서 더 이상 뒤집을 필요가 없을 때, 패티 위에 치즈를 올려요. 그러면 패티에 있는 열로 치즈가 녹아요. 이렇게 남아 있는 열을 '잔열'이라고 한대요. '잔열'이라는 단어는 오늘 처음 들었어요. 모르는 단어를 새로 알고 쓰는 건 멋진 일이에요. 나는 요리할 때만 쓰는 낱말을 입 밖으로 뱉을 때가 참 좋아요. 그 순간에 내가 좀 멋있게 느껴지거든요.

캐러멜 빛깔이 돌 만큼 잘 익은 소고기 패티 위에서 네모난 치즈가 흐물흐물 녹기 시작했어요. 더운 날 아스팔트 위에서 녹는 아이스크림 같아요. 부드럽고 말캉하게 패티 아래로 흘러내린 노란 치즈가 패티를 꼭 붙들었어요. 패티의 잔열로 치즈를 녹이지 않고 다른 순서로 치즈를 쌓으면, 매끈한 치즈 위에 올린 채소들이 고정되지 않고 다 떨어지고 말아요. 알맞게 익은 고기가 식기 전에 치즈를 올리는 과정은 햄버거의 모양을 잡기 위해 아주 중요하대요.

고기 위에 치즈를 올리니 벌써 햄버거가 완성된 듯 군침이 돌고 설레기 시작했어요. 사실 햄버거 속에서 내가 가장 좋아하는 두 가지가 고기랑 치즈거든요. 그래도 이렇게 두 가지만 있다면 그건 햄버거가 아니에요. 햄버거는 여러 재료들을 쌓아 만들어야 해요. 차곡차곡.

햄버거를 먹고 병에 걸렸다고?

신선한 고기로 만든 패티는 스테이크를 레어, 미디움으로 굽는 것처럼 덜 익히기도 해요. 하지만 반드시 냉장 상태로 보관한 신선한 고기여야 해요. 오랜 기간 유통되고 보관되는 냉동 패티는 바짝 익혀야 세균을 막을 수 있거든요. 스테이크는 바깥쪽만 익혀도 먹을 수 있는데 왜 패티는 속까지 바짝 익혀야 하나고요? 패티는 고기를 다지면서 칼, 도마, 손과 닿아 고기가 오염될 가능성이 훨씬 높아요. 여러 번 칼질한 다진 고기는 반드시 70도 이상에서 2분 이상 익혀 먹어야 안전하지요.

햄버거 패티를 덜 익혀 먹으면 '용혈성 요독 증후군'에 걸릴 수 있어요. 1982년 미국에서 덜 익힌 패티로 만든 햄버거를 먹고 어린이 수십 명이 집단으로 걸려서 '햄버거병'이라고도 불러요. 용혈성 요독 증후군은 'O-157'이라는 장출혈성 대장균이 원인이 되어 신장 기능을 떨어뜨려요. O-157에 오염된 음식을 먹으면 설사와 구토를 하고 고열에 시달려요. 몸이 약한 사람들은 용혈성 요독 증후군의 증상이 심해지기도 해요.

O-157은 잘 익지 않은 소고기나 살균되지 않은 우유, 오염된 채소에 있을 수 있어요. 그러니까 용혈성 요독 증후군이 반드시 햄버거를 먹는다고 걸리는 병은 아니에요. 하지만 어린이는 이 병에 걸리면 건강에 무척 해롭기 때문에 햄버거를 먹을 때 잘 익은 고기와 깨끗한 채소로 만든 것인지 꼭 확인해야 해요.

감염을 막기 위해 손을 깨끗이 씻고, 조리 도구도 깨끗하게 관리해요.

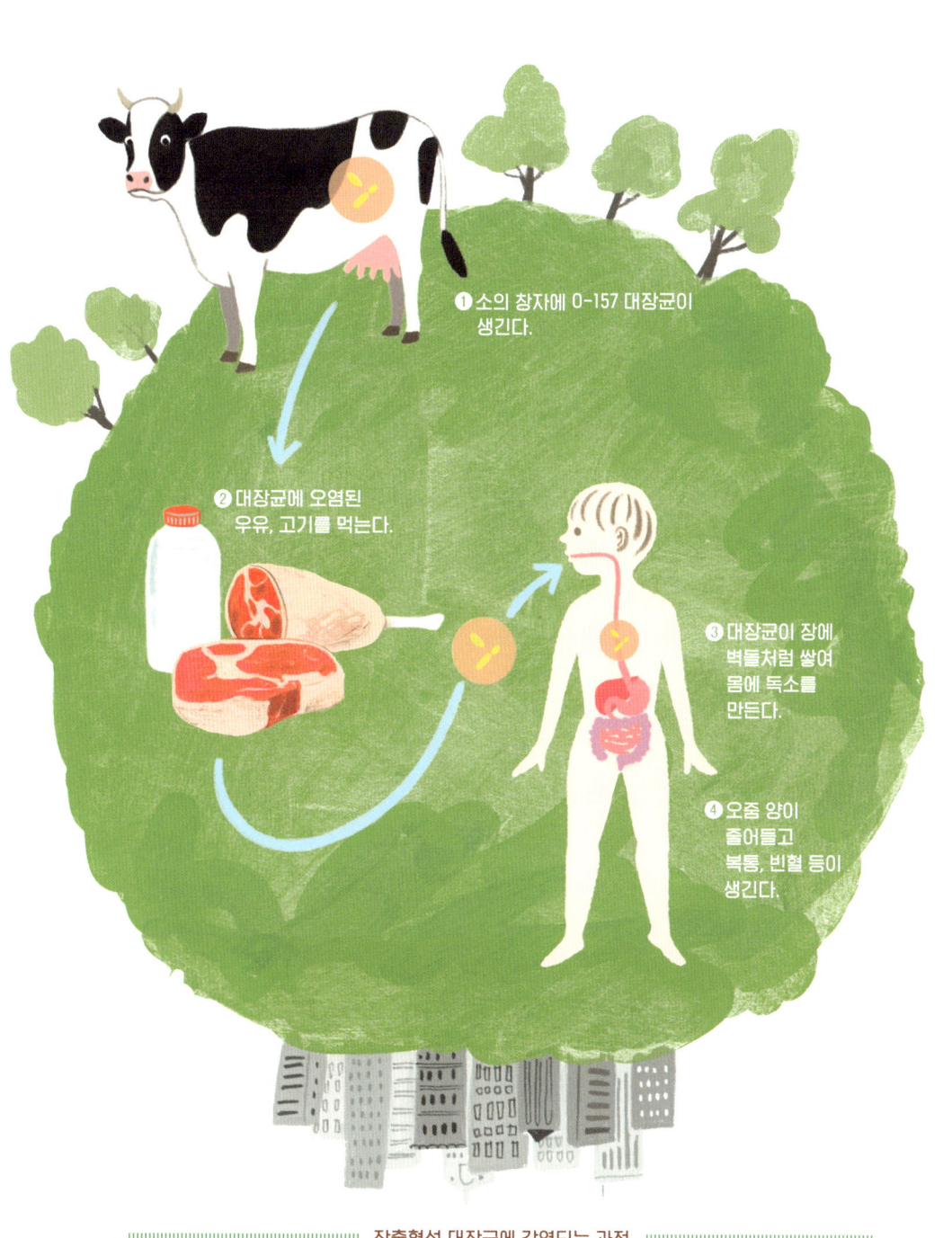

장출혈성 대장균에 감염되는 과정

햄버거를 조립할 때도 쌓는 순서가 있어요!

햄버거 속 재료가 어떤 차례로 쌓여 있는지 자세히 본 적 있나요? 햄버거를 맛있게 만든다고 자부하는 요리사들은 빵과 빵 사이에 패티와 치즈, 채소를 쌓는 자신만의 방식이 있어요.

한번은 미국의 대표적인 기업이 만든 햄버거 이모티콘 때문에 논란이 생긴 적이 있어요. 햄버거 속 재료에 있는 치즈의 위치가 문제였지요. 보통 햄버거 재료를 쌓을 때는 치즈가 잘 녹을 수 있도록 패티를 굽자마자 그 위에 치즈를 얹어요. 그런데 이 회사의 햄버거 이모티콘은 치즈가 맨 아래에 있었던 거예요. 작디작은 이모티콘을 보고도 치즈의 위치가 잘못된 걸 알아차리다니! 미국 사회에서 햄버거가 얼마나 중요한 음식인지 알 수 있는 사건이었어요.

햄버거 만드는 로봇

요즘은 좋은 재료로 시간을 들여 만드는 수제 햄버거 가게나 브랜드가 늘고 있어요. 하지만 처음에 햄버거는 패스트푸드의 대명사였어요. 준비된 재료를 쌓기만 하면 금방 만들어 낼 수 있었거든요. 그래서 어떤 가게는 섬세한 요리 솜씨를 지닌 사람 대신에 햄버거 만드는 로봇을 쓰기도 해요.

세계 최초로 만든 햄버거 로봇 자판기는 주문 즉시 빵과 소고기 패티를 구워요. 케첩, 머스터드, 치즈 등을 선택할 수 있어요. 상자에 포장해 주문한 사람 앞에 나올 때까지 6분이 걸린다니, 정말로 패스트푸드답지요. 햄버거 로봇 자판기는 자판기 안에서 햄버거가 완성되어 나오기 때문에 햄버거 만드는 과정을 볼 수 없어요. 하지만 햄버거 만드는 로봇은 햄버거 재료들이 차곡차곡 쌓이는 과정을 다 보여 줘요. 패티도 굽고 빵과 채소를 올리고 소스를 뿌리는 등 사람처럼 먹음직스러운 햄버거를 만들어 주어요.

미국에는 햄버거 패티를 뒤집는 인공지능 로봇 '플리피'가 있대요.

5. 햄버거 빵과 패티 조립하기

　삼촌의 햄버거 가게 로고는 재료가 층층이 쌓인 햄버거를 단순하게 표현한 디자인이에요. 맨 아래와 맨 위의 진노란색은 빵, 갈색은 고기, 연노란색은 치즈, 빨간색은 토마토, 초록색은 양상추를 가리키죠.

　거의 모든 재료가 준비되었어요. 이제 맨 아래와 맨 위를 장식할 빵만 있으면 돼요. 삼촌은 햄버거 빵으로 브리오슈 번을 쓰는데, 직접 만들지는 않아요. 잘 만들어진 브리오슈 번을 주문해서 쓰지요. 삼촌이 그러는데, 빵집에서 쉽게 볼 수 있는 모닝빵도 번의 한 종류래요. 그래서 엄마가 늘 모닝빵을 반으로 갈라 그 사이에 잼을 바르고 스크램블드에그를 넣어 주었나 봐요. 햄버거처럼요.

　나는 빵칼로 브리오슈 번을 반으로 갈랐어요. 모자 같은 윗부분과 아랫부분이 나뉘도록 말이에요.

그다음으로 버터를 계량했어요. 햄버거 빵 1인분을 구울 때 버터 20그램이 필요해요. 우리는 8인분을 만들 거라 총 160그램의 버터가 필요하지요. 버터 여덟 조각을 계량해 한쪽에 둔 다음 그릴을 달구었어요.

적당하게 달군 그릴에 버터를 녹였어요. 그릴이 너무 달구어지면 안 돼요. 너무 뜨거우면 버터를 내려놓는 순간, 까맣게 타 버릴 수 있거든요. 버터에 빵의 안쪽을 구웠어요. 아주 약한 불에 빵 전체가 잘 구워지도록 기다려야 해요. 전체가 구워지면서

recipe tip
햄버거 조립하는 법

1. 햄버거 빵을 반으로 자른다.

2. 달군 팬에 버터를 두르고 빵 안쪽이 팬에 닿도록 굽는다.

3. 빵과 빵 사이에 재료를 차례로 넣는다.

4. 함께 마실 딸기셰이크를 만든다.

타지 않아야 하니까요. 빵 위쪽까지 따뜻한 열기가 오르면, 그릴에 맞닿은 면을 확인해요. 노릇노릇 잘 구워졌다 싶을 때 불을 끄고 빵을 꺼내요.

빵 여덟 개를 다 구워서 꺼내 놓으니, 보기만 해도 벌써 뿌듯해져요.

"안 먹어도 배부르다는 게 이런 느낌이네요."

"벌써? 진짜는 지금부터야! 햄버거의 핵심, 조립하기!"

"조립이요? 로봇 조립할 때 그 조립이요?"

"햄버거 재료들을 어떤 차례로 쌓을지 머릿속으로 그려 봐. 잘 생각해 보면 우리가 먹은 많은 버거들이 다 다른 모양으로 쌓여 있었단다."

머리를 굴려 예전에 먹었던 햄버거들을 아무리 떠올려도 재료가 어떤 차례로 쌓여 있는지 전혀 떠오르지 않았어요. 그냥 햄버거 빵 사이에 고기, 치즈, 채소 그리고 소스. 이게 전부였어요.

"햄버거를 아주 좋아한다고 생각했는데, 자세히 본 적이 없나 봐요."

"우빈이, 너무 의기소침한데? 지금부터 자세히 보면 되지. 잘 기억하고 말이야."

삼촌이 나를 달래려고 햄버거에 쌓인 재료들을 차례대로 신나게 읊었어요. 랩 하듯이 말이에요.

"빵, 패티, 치즈, 토마토, 양파, 양상추, 소스, 빵. 빵, 패티, 치즈, 베이컨, 파인애플, 양상추, 소스, 빵. 빵, 양상추, 패티, 치즈, 베이컨, 토마토, 피클, 빵. 빵, 버섯, 베이컨, 패티, 치즈, 토마토, 양파, 양상추, 소스, 빵……."

"이제 알겠어요! 빵과 빵 사이에 채소 위치는 상관없지만, 치즈는 꼭 패티 위에 있어야 하는 거죠?"

나는 다양한 햄버거 조립법을 들으며 철오버거를 조립하기 시작했어요. 잘 구워진 햄버거 빵 아랫부분을 놓고 소스를 바른 다음, 가장 먼저 치즈를 올린 패티를 놓았어요. 패티가 빵 크기와 딱 맞았어요. 원래 12센티였는데 구우니까 9센티 정도로 줄어들었거든요. 그래서 다진 고기로 패티 모양을 만들 때는 빵 크기를 고려해 조금 크게 빚어야 해요.

치즈 위로 얇게 썬 토마토를 놓고, 구운 양파를 올렸어요. 재료들을 하나하나 올리다 보니, 햄버거 꼴이 갖추어졌어요.

구운 양파 위로는 양상추예요. 양상추 쌓기가 가장 어려워요. 잘 모아서 올리지 않으면 흘러내리기 일쑤거든요. 삼촌이 양상추 쌓는 시범을 보였어요. 위생 장갑을 낀 손으로 양상추를 잘 모아 한 덩어리로 만든 뒤 사뿐히 얹었어요. 나도 따라서 했어요. 위생 장갑이 크니 손끝이 남아 조금 불편했어요.

"이건 순전히 내가 많이 해 보았기 때문이야."

"맞아요. 이건 순전히 제가 처음 해 보는 일이라 그래요. 아, 장갑 탓도 좀 있고요."

햄버거 고수와 초보의 차이가 양상추 쌓기에서 드러나다니요. 양상추 쌓는 일은 아무것도 아니라고 생각했는데 말이에요. 하지만 나도 곧 익숙해질 거예요.

양상추 위에 루콜라를 조금 얹고 미리 만들어 둔 소스를 뿌렸어요. 위가 둥글게 솟아오른 빵 윗부분을 얹으니, 햄버거가 완성됐어요.

내가 햄버거 여덟 개를 조립하는 동안, 삼촌은 딸기셰이크를 만들었어요. 믹서에 얼음과 딸기, 우유, 꿀을 넣어 한차례 돌리면

딸기셰이크가 완성돼요. 햄버거는 콜라와 찰떡궁합이라고 생각했는데, 내 생각이 틀렸어요.

"삼촌! 예전엔 몰랐는데, 햄버거와 딸기셰이크도 참 괜찮은 궁합이에요."

"그럼. 꼭 콜라일 필요는 없지!"

"네, 탄산음료보다 건강한 음료랑 함께 먹는 걸로요."

삼촌이 햄버거 가게를 차리기 전, 그러니까 삼촌이 전주에 내려오기 전에는 늘 햄버거와 함께 콜라를 마셨어요. 하지만 몸에 좋지 않고 열량도 높은 콜라를 반드시 먹을 필요는 없다고 삼촌이 알려 주었어요. 요즘 나는 '햄버거' 하면 '콜라'가 아니라 '딸기셰이크'예요.

햄버거 이야기

햄버거에 쓰는 빵, 번

햄버거를 만들 때 주로 동그란 빵을 쓰는데, 이 빵을 '번'이라고 해요. 참깨 번, 오트밀 번, 먹물 번 등 요즘은 '번' 앞에 여러 단어들을 붙여 빵의 특징을 드러내요. 다양한 번이 햄버거를 선택하는 기준이 되기도 하지요.

브리오슈 번은 '브리오슈'와 '번'을 합친 말이에요. '브리오슈'는 원래 프랑스에서 주로 아침으로 먹는 빵이에요. 버터, 달걀, 우유가 다른 빵보다 많이 들어 있어서 부드럽고 진해요. '번'은 우유와 버터를 주재료로 하며 둥글게 부풀어 오른 모양으로 만드는 영국식 빵이에요. 번에 브리오슈의 부드러운 식감을 합한 것이 브리오슈 번이지요.

햄버거 빵 위에는 대부분 깨가 뿌려져 있어요. 깨는 먹음직스럽게 보이는 효과도 있지만, 오독오독 씹는 맛이 있기도 해요. 불포화 지방산이 있어 영양 면에서도 좋아요.

딸기셰이크에 딸기가 없다고?

햄버거의 짝꿍이 콜라라고 생각하기 쉽지만, 햄버거를 밀크셰이크와 함께 먹는 사람도 많아요. 밀크셰이크에 감자튀김을 찍어 먹기도 하고요. 딸기셰이크는 딸기와 우유를 넣어 만들어요. 딸기와 우유는 서로 조화롭게 어울리는 재료예요. 돼지고기와 새우젓, 감자와 치즈도 잘 어울려요. 초콜릿은 아몬드와 함께 먹으면 조화롭고요. 반대로 같이 먹으면 좋지 않은 음식도 있는데, 바로 토마토와 설탕이에요. 탄산음료는 언제나 몸에 해로워요.

그런데 딸기셰이크도 탄산음료만큼 몸에 해로울 수 있어요. 딸기셰이크를 제대로 만들 때는 딸기, 설탕, 크림, 얼음을 넣어요. 하지만 진짜 딸기가 아닌 딸기 맛이나 딸기 향을 내는 식품 첨가물을 넣으면 해로운 음식이 돼요. 이런 식품은 되도록 먹지 말아야 해요. 음식을 먹기 전에 늘 제대로 만들어진 식품인지 확인하는 습관을 들이면 좋겠지요?

햄버거의 오랜 친구, 감자튀김과 콜라

햄버거 프랜차이즈 가게의 세트 메뉴에는 햄버거는 물론 감자튀김과 콜라가 포함되어 있어요. 물론 감자튀김 말고 치즈스틱, 콜라 외에 다른 탄산음료를 선택할 수도 있지만요.

하지만 감자튀김과 콜라는 건강에 매우 해로운 음식이에요. 한때 어느 유명한 햄버거 프랜차이즈 가게에서는 맛을 좋게 하려고 소기름으로 감자를 튀겼어요. 소기름은 포화 지방에 속해요. 포화 지방은 상온에서 고체 또는 반고체 상태로 있기 때문에 많이 먹으면 혈관에 남아 혈액의 흐름을 방해하고, 여러 병을 일으켜요.

콜라는 흔히 '설탕물'이라고 하지만, 설탕보다 인체에 해로운 성분이 많이 들어 있어요. 캐러멜 색소, 카페인, 톡 쏘는 맛을 내는 인산, 단맛을 더해 주는 수크랄로스 등이요.

그러니까 좋은 재료들로 햄버거를 만들어 먹을 때는 감자튀김이나 콜라는 먹지 않거나 적게 먹는 게 좋겠지요? 하지만 감자튀김도 감자를 좋은 기름에 재빨리 튀겨 내면 건강한 먹거리가 될 수 있어요.

감자튀김의 나라, 벨기에

감자튀김을 '프렌치프라이'라고 부르지요? 제1차 세계대전 때 벨기에에 간 미국 군인들 눈에는 프랑스 말을 쓰는 벨기에 군인들이 프랑스 사람으로 보였어요. 그래서 벨기에 군인이 먹던 감자튀김을 '프렌치프라이'라고 불렀대요.

감자튀김이 정확하게 어디서 시작되었는지에 대해서는 의견이 분분해요. 많은 나라가 서로 원조라고 주장하지요. 벨기에, 네덜란드, 프랑스, 독일, 미국 등 여러 나라가 감자튀김의 역사를 가지고 있어요.

그래도 감자튀김에 가장 공을 들이는 나라가 벨기에인 것만은 분명해요. 감자튀김 박물관도 있고, 2014년에는 감자튀김을 유네스코 세계 문화유산으로 신청하기도 했어요. 그래서 벨기에를 여행하는 사람들은 감자튀김을 꼭 먹으려고 긴 줄을 서서 기다려요. 벨기에는 감자로 만든 가공품을 최고로 많이 수출하는 나라기도 해요. 우리나라에서도 벨기에에서 만든 냉동 감자를 구할 수 있어요.

벨기에에서는 감자튀김을 '프리트(friet)'라고 불러요.

벨기에 브루게에 있는 감자튀김 박물관은 2008년 8월에 처음으로 문을 열었어요.

햄버거 완성!

나는 식탁 위에 테이블 매트 여덟 개를 깔았어요. 여러 사람에게 동시에 따뜻한 햄버거를 대접하려면 동작이 재빨라야 해요. 패스트푸드 가게에서 햄버거와 콜라와 감자튀김을 한꺼번에 내주는 직원처럼요.

"아, 빠진 게 있어요!"

"빙고! 나도 뭐가 빠졌는지 알겠다."

내가 너무나 아쉬운 표정을 짓자, 삼촌이 알아들었다는 듯 맞장구쳤어요. 우리는 동시에 외쳤어요.

"감튀!"

"감자튀김!"

다른 게 있다면, 나는 '감튀'였고 삼촌은 '감자튀김'이었다는 거예요. 학교에서 늘 친구들과 줄임말을 쓰기 때문이에요. 줄임말 좀 쓰지 말라고 엄마한테 잔소리를 듣지만, 잘 되지 않아요. 줄임말을 쓰면 왠지 더 멋있어 보일 때도 있거든요. '감튀'라고 말하면 모두가 알아듣는다고요.

"짜잔! 벨기에서 전수받은 특별 감자튀김 나왔습니다!"

삼촌은 벨기에서 아침마다 감자튀김을 먹었대요. '벨기에' 하면 와플만 떠올랐는데, 삼촌 덕분에 그 공식이 깨졌어요. 삼촌은 날마다 깨끗한 기름에 수분이 적은 감자를 준비했다가 주문이 들어오는 즉시 튀겨요. 다른 비법은 나중에 삼촌네 가게에서 일하는 직원이 되면 알려 주겠대요.

나는 바구니 여덟 개에 유산지를 깐 다음, 삼촌이 만든 감자튀김도 잘 나누어 담았어요. 그사이 삼촌은 아주 커다란 믹서에 딸기셰이크를 더 만들었어요.

아, 정말 바빠요. 이마와 코에 땀이 송골송골 맺히기 시작했어요. 많은 음식을 한 번에 만드는 일은 아주 힘들어요. 삼촌이 평소에 얼마나 열심히 일하는지 이제 알겠어요. 삼촌이 한 번도 힘들다고 말하지 않은 게 신기할 뿐이에요.

햄버거와 감자튀김과 딸기셰이크까지 세트 여덟 개를 완성해 식탁 위에 올려 두었어요. 식탁 가운데에는 화병을 놓고 라눙쿨루스를 꽂았어요. 삼촌이 좋아하는 꽃이에요. 아름다웠어요. '햄버거' 하면 소고기 패티나 감자튀김 냄새만 떠올랐는데, 향기로운 꽃이 있는 식탁을 보니 그런 생각도 완전히 깨졌어요.

삼촌이 두 손을 맞잡고 설레는 표정으로 시계를 보았어요.

"아, 냅킨이 빠졌어요."

나는 접시 옆에 냅킨을 하나하나 정성스레 놓으며 즐거워할 손님들을 상상하다가, 갑자기 장난기가 발동했어요. 두 번 접힌 냅킨을 반대로 펴고 또 펴면 손수건보다 약간 작은 크기가 돼요. 얇아진 냅킨은 입으로 호호 불면 날아다니기도 하고, 얼굴에 딱 붙여 숨을 들이마시면 유령 가면 같은 모습도 돼요. 나는 냅킨으로 만든 유령 가면을 붙인 채로 괴상한 소리를 내며 삼촌에게 물었어요.

"손님들이 오시면 이렇게 환영 인사를 할까요? 으, 으, 으. 나는 햄버거 유령이다."

"어르신들이 놀라면 안 되니, 오늘은 참자."

"하하, 네."

그때 마당의 출입문에서 풍경 소리가 들려왔어요. 바람에 흔들리는 소리가 아닌 누군가 문을 열고 들어오는 규칙적인 소리요. 삼촌과 나는 즐거운 마음으로 오늘의 첫 손님을 맞으러 마당

으로 나갔어요. 나무로 된 출입문이 끼익 열리고, 자갈을 지그시 밟는 소리에 남천 열매를 쪼던 직박구리 두 마리가 휘이 날아 지붕 끝에 앉았어요.

직박구리도 나처럼 햄버거를 좋아할까요? 좋아한다면 오늘은 다 같이 나누어 먹고 싶은 날이에요.

삼촌표 햄버거 만들기

정성스레 준비한 햄버거 식탁에 동네 할머니 할아버지와 함께 둘러앉았어요. 얼마 전에 삼촌이 햄버거 평가단을 모았거든요. 조건은 햄버거를 좋아하지 않는 할머니 할아버지일 것! 삼촌의 모험 정신은 언제나 대단해요.

차인선 할머니는 "햄버거는 두 손으로 감싸 쥐고 먹어야 제맛이지!"라며 맛있게 먹었어요. 알고 보니 삼촌의 '한옥 햄버거 데이'에 초대받고 싶어서 일부러 햄버거를 싫어한다고 했대요. 김지광 할아버지는 햄버거의 역사를 줄줄이 꿰고 있었고, 박보선 할머니는 햄버거를 처음 먹는댔어요. 이재림 할머니는 소스가 맛있다고 했고, 지경순 할머니는 패티를 한 장 더 주문했어요. 단골손님 확보예요! 이신구 할아버지는 토마토 알레르기가 있다며 토마토를 살짝 빼서 접시 한쪽에 두었어요.

나는 삼촌의 햄버거 비법을 적은 공책에 이신구 할아버지는 토마토 알레르기가 있다고 썼어요. 다음에 할아버지가 햄버거를 주문하면 꼭 토마토를 빼고 만들려고요.

그때 마당에서 풍경이 울렸어요. 어제 '사람이 주문받느냐'고 물었던 그 할머니였어요.

삼촌표 햄버거 만드는 법

- 주재료 : 다진 소고기 1200g, (목심 960g + 양지 240g으로 준비해요.)
  양파, 토마토, 양상추, 루콜라, 치즈, 햄버거 빵

- 양념 및 소스 재료 : 소금, 후추, 양파 가루, 마요네즈, 케첩,
  허니 머스터드소스, 디종 머스터드소스,
  설탕, 레몬즙

- 만드는 법
  - 다진 소고기에 소금, 후추, 양파 가루 등으로 양념해서 잘 섞은 뒤
    지름 12cm로 둥글납작하게 빚어요. 다 빚은 패티는 냉장고에
    ☆**중요** 하루 정도☆ 넣어 둬요.
  - 마요네즈, 케첩, 허니 머스터드소스, 디종 머스터드소스, 설탕,
    레몬즙을 한꺼번에 넣고 섞어 소스를 만들어요.
  - 양파를 0.2cm 폭으로 넓적하게 썰어 갈색 빛깔을 띨 때까지 구워요.
  - 토마토를 0.5cm 폭으로 납작하게 썰어요. 양상추와 루콜라도 잘 씻어서
    물기를 빼 준비해요.
  - 만들어 둔 패티가 불에 잘 익으면 불을 끈 뒤, 곧장 치즈를 얹어요.
    패티가 식으면 치즈가 녹지 않으니 주의!
  - 햄버거 빵을 반으로 쪼갠 뒤, 프라이팬에 버터를 두르고 안쪽을 구워요.
  - 아래쪽 빵에 미리 만든 소스를 바른 다음, 치즈를 얹은 패티를 올려요.
  - 그 위에 토마토, 구운 양파, 양상추, 루콜라를 차례대로 올리고
    햄버거 소스를 뿌려요.
  - 함께 먹을 (음료)도 취향대로 준비해요.
    나는 딸기세이크!

자료 저작권 목록

20, 63쪽 Wikimedia Commons

38쪽 연합뉴스

놀라운 한 그릇 ❹
햄버거 공부책

처음 인쇄한 날 2023년 8월 11일 처음 펴낸 날 2023년 8월 21일

글 정원 그림 박지윤
편집 오지명, 최미소 **디자인** 효효스튜디오 **마케팅** 정원식
펴낸이 이은수 **펴낸곳** 초록개구리 **출판등록** 2004년 11월 22일 (제300-2004-217호)
주소 서울시 종로구 비봉 2길 32, 3동 101호 **전화** 02-6385-9930 **팩스** 0303-3443-9930
인스타그램 www.instagram.com/greenfrog_pub

ISBN 979-11-5782-267-6 74380 ISBN 979-11-5782-076-4(세트)